Nadia Gradecky

APULEYO EDICIONES   FOMENTO DE VALORES   CUENTOS ILUSTRADOS

El amor que nos tenemos

APULEYO EDICIONES   FOMENTO DE VALORES   CUENTOS ILUSTRADOS

A mi hija, mi gran maestra.

A cada madre y a cada padre que se separó o
piensa hacerlo; los abrazo fuerte.

Y a la vida, porque ante cada dificultad, nos sonríe
si estamos dispuestos a verlo.

Esta es mamá.

Este es papá.

Hace un tiempo se conocieron,
compartieron tiempo juntos en el parque,
en restaurantes, en el cine...
Se enamoraron y se besaron.

Y con el tiempo,
fruto de ese amor naciste tú.

Y mamá y papá te cuidamos,
te cantamos, jugamos contigo,

vamos al parque y a restaurantes,

te leemos, te bañamos, te dormimos,

ZZZZZZZZ

te cuidamos y te amamos.

Pero en el amor también hay diferencias.
Mamá y papá no siempre se entienden.

Así que, después de muchos intentos,

decidieron seguir caminos distintos

y mudarse cada uno a una casa diferente,

pero unidos por el mismo amor.

Ahora, el amor que nos tenemos se reparte entre la casa de papá y la de mamá.

Y no hay ninguna mejor que otra porque mi papá
es lo más y mi mamá es lo más

y ambos me aman

y me intentan dar lo mejor.

Ahora tienes dos casas e infinito amor
para dar y recibir.

© Nadia Alejandra Gradecky (de la obra)
©Apuleyo Ediciones (de esta edición)
Primera edición en Apuleyo Ediciones: Diciembre 2024
Diseño de cubierta: Alejandro Rosas
Corrección: Aitor Andreu Guerrero
Maquetación: Alejandro Rosas
Ilustraciones: Jan C. Fuentes
Coordinación editorial: Isidoro Cidre González
info@apuleyoediciones.com
www.apuleyoediciones.com
ISBN: 978-84-1060-410-0
Depósito legal: H 479-2024

Hecho e impreso en España.